Cc
vegetariana
rápida

KÖNEMANN

La cocina vegetariana

Está comprobado que una dieta vegetariana equilibrada es beneficiosa para la salud. Aunque pueda parecer un poco complicada la diaria tarea de mezclar los distintos elementos nutritivos a la hora de preparar la comida, todo lo que se debe hacer es tener la despensa bien provista de alimentos energéticos: cereales, frutos secos y legumbres.

CALCIO

Necesario para: huesos y dientes resistentes.
Se encuentra en: productos lácteos, higos, perejil, *muesli* natural, nueces de Brasil, leche y habas de soja, tofu, *miso*, *tahine* (pasta de sésamo) sin cascarilla, almendras, pistachos, garbanzos, pipas de girasol, espinacas, algas marinas.

Una dieta vegetariana equilibrada debe ser baja en grasa y rica en hidratos de carbono, fibra, vitaminas y minerales. La combinación adecuada de estos elementos previene múltiples enfermedades. Para que nuestra dieta sea saludable no basta con dejar de comer carne; se debe basar sobre todo en una gran variedad de alimentos frescos, procurando evitar los preparados industriales y, por supuesto, la comida basura. Además, se debe planificar bien para evitar déficits de proteínas, vitamina B_{12}, hierro, cinc y calcio. Entre los vegetarianos se distinguen los lactovegetarianos, que consumen algunos productos de origen animal, como lácteos y huevos; y los vegetarianos estrictos, que se alimentan sólo de vegetales (frutas, verduras, cereales y legumbres) y rechazan los huevos y los productos lácteos, lo que puede acarrearles deficiencias proteínicas, de calcio y de vitamina B_{12}, poco frecuentes en los lactovegetarianos. Una dieta vegetariana estricta exige combinar los alimentos para obtener una cantidad suficiente de proteínas. Las mejores combinaciones pueden ser: cereales con legumbres o con verduras; cereales con frutos secos y semillas; legumbres con verduras, y legumbres con frutos secos o semillas. La baja absorción de calcio y cinc a partir de vegetales obliga a consumir gran cantidad de alimentos que los contengan, lo mismo que sucede con la vitamina B_{12}, presente sobre todo en la carne. Asimismo, deberán incluir en su dieta, especialmente las mujeres y las adolescentes, alimentos ricos en hierro, cuya absorción se favorece con vitamina C.

VITAMINA B_{12}

Necesaria para: buen funcionamiento del tejido nervioso.
Se encuentra en: huevo, chucrut, queso, *miso*, yogur, leche, *tempeh*, tofu, setas y hongos.

PROTEINAS

Necesarias para: desarrollo de todos los tejidos corporales.
Se encuentran en: semillas y leguminosas, arroz integral, cuscús y burgul, productos lácteos y a base de soja (tofu y *tempeh*), huevos, frutos secos, brotes de gramíneas.

HIERRO

Necesario para: transporte de oxígeno a las células de todo el cuerpo.
Se encuentra en: orejones de albaricoque, pera y melocotón, uvas, cereales como burgul, cuscús y polenta, pasta y pan integrales, verduras de hoja, tofu, salvado, judías cocidas, pipas de calabaza y girasol.

CINC

Necesario para: absorción de vitaminas. **Se encuentra en:** arroz (salvado), germen de trigo, soja, pacanas, anacardos, piñones, nueces de Brasil, semillas de sésamo y de girasol.

Comida vegetariana rápida

La comida rápida no debe ser sinónimo de comida basura: con alimentos frescos, bien presentados y nutritivos podrá preparar en poco tiempo tanto platos energéticos y equilibrados capaces de satisfacer el apetito más voraz como otros más ligeros.

Arroz a los tres aromas

Todo listo en 30 min
Raciones: 6

1,25 litros de caldo de verduras
un buen pellizco de azafrán en hebra
2 cucharadas de aceite de oliva
1 cebolla morada, en medias rodajas
2 dientes de ajo majados
3 cucharaditas de cúrcuma en polvo
1 1/2 cucharadas de pimentón dulce
1/4 de cucharadita de canela en polvo
2 tazas de arroz de grano largo
200 g de habas congeladas
175 g de judías verdes, partidas por la mitad
1 pimiento rojo pequeño, en cuadrados
1 cucharadita de sal
1/2 taza de aceitunas negras

1. Ponga a cocer el caldo en una cazuela; añada el azafrán cuando hierva y retírelo del fuego.
2. Mientras, caliente el aceite en una sartén grande de fondo grueso (o una paellera) y eche a la vez la cebolla, el ajo, la cúrcuma, el pimentón, la canela y el arroz. Rehogue a fuego medio-alto hasta que el arroz coja bien las especias.
3. Añada entonces el caldo caliente, las habas, las judías, el pimiento y la sal. Cuando rompa a hervir, baje el fuego y deje que cueza despacio durante 20 minutos, o hasta que el arroz esté tierno; remueva una sola vez. Reparta luego las aceitunas, salpimente con generosidad y sirva inmediatamente.

CADA RACIÓN CONTIENE:
Proteínas: 8 g; grasa: 8 g; hidratos de carbono: 60 g; fibra: 6 g; colesterol: 0 mg; calorías: 340

Arroz a los tres aromas

Lentejas salteadas con espinacas

Todo listo en 25 min
Raciones: 2

1 taza de lentejas rojas
1 cucharada de aceite
2 dientes de ajo majados
1/2 cucharadita de comino en polvo
1/2 cucharadita de cúrcuma en polvo
1/2 cucharadita de pimentón dulce
500 g de espinacas, sin los tallos
1/4 de taza de cilantro fresco picado, y otro poco para servir
1/4 de taza de perejil fresco picado, y otro poco para servir
1/3 de taza de yogur natural

1. Enjuague las lentejas y póngalas en una cazuela con 2 tazas de agua caliente y un buen pellizco de sal; tape parcialmente y lleve a ebullición. Baje entonces el fuego y deje cocer a fuego lento durante 15 minutos, o hasta que estén tiernas. Escurra las lentejas.
2. Caliente el aceite en una sartén grande y rehogue el ajo con las especias durante 2 minutos. Incorpore las espinacas limpias.

3. Deje que las espinacas se enlacien y añada las lentejas escurridas, el cilantro y el perejil; saltee hasta que las lentejas estén bien calientes y sazone con sal y pimienta negra recién molida. Sirva las lentejas con una cucharada de yogur por encima y adorne con perejil y cilantro.

CADA RACIÓN CONTIENE:
Proteínas: 40 g; grasa: 15 g; hidratos de carbono: 50 g; fibra: 35 g; colesterol: 7 mg; calorías: 490

Nota: acompañe este plato con *pappadums* (tortas de pan indio), nachos o totopos (fritos de maíz mexicanos) o arroz blanco.

Tortitas mexicanas de verduras

Todo listo en 25 min
Raciones: 4

1 cebolla rallada
1 patata rallada
2 calabacines rallados
1 zanahoria rallada
2 dientes de ajo majados
1/4 de taza de cilantro fresco picado
1/2 taza de harina
3 huevos poco batidos
1/3 de taza de aceite
nata agria y salsa de tomate, para servir

1. Seque el exceso de humedad de las verduras ralladas con papel absorbente y mézclelas en un bol con el ajo y el cilantro. Espolvoree por encima la harina, remueva bien y añada los huevos batidos; salpimente a su gusto y mezcle todo bien.
2. Caliente el aceite en una sartén grande y vierta la mitad de la mezcla procurando extenderla hacia las paredes de la sartén hasta que cubra todo su fondo. Cuaje la tortita durante 4-5 minutos hasta que se dore por abajo, déle la vuelta y, cuando se cuaje por el otro lado, sáquela y escúrrala sobre papel absorbente. Cuaje la otra tortita del mismo modo.
3. Corte las dos tortitas en cuñas y sírvalas con la nata y la salsa de tomate por encima; acompañe con una ensalada verde aliñada.

CADA RACIÓN CONTIENE:
Proteínas: 7,5 g; grasa: 28 g; hidratos de carbono: 15 g; fibra: 3 g; colesterol: 135 mg; calorías: 337

Nota: puede hacer tortitas más pequeñas y servirlas en montoncitos; acompáñelas con nata agria y salsa de tomate (casera o embotellada), o bien con guacamole.

Lentejas salteadas con espinacas (arriba) y Tortitas mexicanas de verduras

Pastel de polenta con judías picantes

Todo listo en 30 min
Raciones: 6

1 taza de harina de fuerza
1 cucharadita de sal
1 1/2 tazas de polenta fina instantánea
1 taza de queso cheddar rallado
1 cucharadita de comino en grano
1 1/4 tazas de suero lácteo
3 huevos poco batidos
60 g de mantequilla

Judías picantes
1 cucharada de aceite
1 cebolla morada en rodajas
4 dientes de ajo majados
1 lata de 425 g de judías pintas cocidas, enjuagadas y escurridas
1 lata de 400 g de tomates troceados
1 pimiento rojo en dados
1/2 taza de cilantro fresco picado

1. Precaliente el horno a 200° C. Engrase una bizcochera de 30x25 cm y fórrela con papel vegetal dejando que sobresalga por dos lados.
2. Para hacer el pastel, tamice la harina con la sal en un cuenco; agregue la polenta, el queso y los cominos, remueva todo y haga un hoyo en el centro. Mezcle los ingredientes líquidos, viérta-

los sobre los sólidos y remueva sólo hasta que se mezclen. Extienda esta pasta en la bizcochera y hornéela 20 minutos.
3. Mientras, prepare la salsa. Caliente el aceite y sofría la cebolla 3-4 minutos hasta que se ablande. Rehogue 1 minuto el ajo y las especias y añada las judías, el tomate y el pimiento. Lleve a ebullición y cueza al mínimo durante 10 minutos. Sazone y ponga el cilantro.
4. Sirva enseguida la polenta cortada en cuñas con las judías encima.

CADA RACIÓN CONTIENE:
Proteínas: 20 g; grasa: 25 g; hidratos de carbono: 25 g; fibra: 8 g; colesterol: 140 mg; calorías: 530

Pinchos de tofu con cuscús a las hierbas

Todo listo en 30 min
Raciones: 4

Aliño
2 cucharadas de aceite
1/4 de taza de salsa de chile dulce
2 cucharadas de soja
2 dientes de ajo majados
1 cucharadita de jengibre fresco rallado

200 g de tofu consistente o ahumado, en dados
150 g de champiñones pequeños, en mitades

1 pimiento rojo y 1 amarillo, en cuadraditos
2 calabacines, en rodajas gruesas
500 g de cuscús
2 tazas de caldo de verduras hirviendo
30 g de mantequilla
1/2 taza de hierbas frescas picadas

1. Encienda el grill. Mezcle los ingredientes del aliño.
2. Ensarte en 12 pinchos de madera los dados de *tofu* alternándolos con las verduras y el champiñón. Úntelos con el aliño y gratínelos 10 minutos, dándoles la vuelta y rociándolos con más aliño de vez en cuando.
3. Ponga el cuscús en un bol, cúbralo con el caldo y deje reposar 2-3 minutos para que lo absorba. Añada la mantequilla y las hierbas, remueva y esponje el cuscús con un tenedor. Haga una cama de cuscús en cada plato, ponga los pinchos encima y rocíe con el aliño.

CADA RACIÓN CONTIENE:
Proteínas: 15 g; grasa: 20 g; hidratos de carbono: 75 g; fibra: 4 g; colesterol: 20 mg; calorías: 525

Nota: remoje en agua los pinchos 30 minutos antes de usarlos para que no se quemen.

Pastel de polenta con judías picantes (arriba) y Pinchos de tofu con cuscús a las hierbas

Tallarines con espinacas y guisantes

Todo listo en 25 min
Raciones: 4

500 g de tallarines
frescos o fettucini
40 g de mantequilla
2 puerros en rodajitas
1/4 de cucharadita de
nuez moscada en polvo
1 taza de guisantes
congelados
2 cucharadas de vino
blanco seco
1 taza de nata
1/4 de taza de parmesano
rallado
100 g de espinacas,
lavadas y sin los tallos

1. Cueza la pasta en una olla grande con agua hirviendo durante 3-5 minutos hasta que esté *al dente*. Escúrrala y manténgala caliente.
2. Mientras se cuece la pasta, caliente la mantequilla en una cazuela, añada el puerro y la nuez moscada, tape y deje que cueza a fuego lento durante 5 minutos; sacuda la cazuela de vez en cuando. Agregue los guisantes y el vino, tape de nuevo y continúe la cocción 3 minutos más.
3. Añada la nata y sazone con sal y pimienta negra recién molida. Cuando rompa a hervir,

cueza todo unos 3 minutos, eche el queso y las espinacas, remueva, tape la cazuela y retírela del fuego. Sirva la pasta en platos hondos con la salsa por encima.

CADA RACIÓN CONTIENE: *Proteínas: 20 g; grasa: 40 g; hidratos de carbono: 95 g; fibra: 10 g; colesterol: 115 mg; calorías: 815*

Ensalada templada de tomates asados y espárragos

Todo listo en 25 min
Raciones: 4-6

Aliño
1/3 de taza de aceite de
oliva virgen
2 cucharadas de vinagre
balsámico
1 cucharadita de mostaza
en grano
1/2 cucharadita de azúcar

500 g de tomates pera,
partidos por la mitad
1 cucharada de aceite de
oliva
1 cucharada de azúcar
morena
200 g de espárragos verdes, sin la parte leñosa
250 g de judías pintas
cocidas, escurridas
200 g de distintas hojas
de lechuga y escarola
2 cucharadas de orégano
fresco

1. Mezcle todos los ingredientes del aliño, sazone con sal y pimienta negra recién molida, remueva bien y reserve.
2. Precaliente el grill. Ponga los tomates con el corte hacia arriba en una bandeja de horno, píntelos con aceite y espolvoree por encima un poco de azúcar, sal y pimienta. Meta la bandeja en la parte alta del horno (dejando un mínimo de 3 cm entre los tomates y el grill) y áselos durante 7 minutos, dándoles la vuelta una vez, hasta que se doren por arriba y queden blandos. Apague el grill y mantenga calientes los tomates.
3. Mientras, lleve a ebullición un poco de agua en una cazuela y cueza los espárragos a fuego fuerte 1 a 2 minutos, o hasta que tomen brillo y estén *al dente*. Escúrralos.
4. Mezcle bien en un bol las judías con tres cuartas partes del aliño.
5. Reparta en platos individuales las hojas de lechuga y escarola con los tomates asados y los espárragos, ponga unas cucharadas de judías por encima, espolvoree con orégano y rocíe con el resto del aliño.

CADA RACIÓN CONTIENE: *Proteínas: 4,5 g; grasa: 15 g; hidratos de carbono: 10 g; fibra: 4,5 g; colesterol: 0 mg; calorías: 205*

Tallarines con espinacas y guisantes (arriba) y
Ensalada templada de tomates asados y espárragos

Salsas para mojar y untar

Puré de alcachofa y tofu

Escurra bien las alcachofas de una lata de 400 g y póngalas en la batidora-mezcladora con 2 dientes de ajo picados, 150 g de *tofu* suave escurrido, 2 cucharadas de zumo de limón y $1/2$ cucharadita de ralladura fina de su cáscara. Mezcle todo bien y sírvalo con *crudités* (hortalizas cortadas en bastoncitos) o con galletas *crackers*.
Todo listo en 12 minutos.
Raciones: 4

Cada ración contiene:
Proteínas: 5,5 g; grasa: 2 g; hidratos de carbono: 2 g; fibra: 1 g; colesterol: 0 mg; calorías: 50

Salsa de aceitunas negras y garbanzos

Enjuague 300 g de garbanzos cocidos en conserva y póngalos en la batidora con $2/3$ de taza de aceitunas negras griegas, $1/2$ cucharadita de guindilla picada y 2 dientes de ajo majados. Tritúrelo todo hasta que quede en trocitos y, sin apagar el motor, añada poco a poco $1/4$ de taza de aceite de oliva. Sirva la salsa con pan pita tostado.
Todo listo en 12 minutos.
Raciones: 6

Cada ración contiene:
Proteínas: 3,5 g; grasa: 10 g; hidratos de carbono: 7,5 g; fibra: 3 g; colesterol: 0 mg; calorías: 145

De izquiera a derecha: Puré de alcachofa y tofu; Salsa de aceitunas negras y garbanzos; Queso con nueces; Berenjenas asadas; Puré de judías a las hierbas

Queso con nueces

Bata con la batidora de varillas 175 g de queso *ricotta* con 125 g de queso azul ablandado y ¹/2 taza de nueces tostadas picadas muy finas hasta obtener una crema suave y homogénea. Sazone a su gusto y sírvala con tostadas de pan blanco.
Todo listo en 10 minutos.
Raciones: 6

CADA RACIÓN CONTIENE:
Proteínas: 8,5 g; grasa: 15 g; hidratos de carbono: 0,5 g; fibra: 0,5 g; colesterol: 35 mg; calorías: 175

Berenjenas asadas

Precaliente el horno a 220° C. Ase 2 berenjenas pequeñas y 1 pimiento rojo unos 20 minutos hasta que estén tiernos y con la piel rugosa. Deje enfriar un poco. Corte por la mitad las berenjenas y vacíe su carne pasándola a la batidora; pele el pimiento y póngalo con la berenjena. Añada 1 diente de ajo picado y 1 cucharada de zumo de limón. Bata bien, sazone y sirva con galletas crujientes de arroz.
Todo listo en 25 minutos.
Raciones: 4

CADA RACIÓN CONTIENE:
Proteínas: 1,5 g; grasa: 0 g; hidratos de carbono: 4 g; fibra: 0,5 g; colesterol: 0 mg; calorías: 25

Puré de judías a las hierbas

Enjuague y escurra 300 g de judías blancas cocidas en conserva. Póngalas en la batidora con 2 dientes de ajo picados, 1 cucharada de zumo de lima, ¹/2 cucharadita de romero y otra ¹/2 de perejil, ambos frescos y picados. Bata hasta que se mezcle todo y, sin apagar el motor, vierta ¹/4 de taza de aceite de oliva; siga batiendo hasta que quede un puré espeso. Sírvalo con pan crujiente.
Todo listo en 15 minutos.
Raciones: 4

CADA RACIÓN CONTIENE:
Proteínas: 6 g; grasa: 15 g; hidratos de carbono: 15 g; fibra: 1 g; colesterol: 0 mg; calorías: 215

Ensalada de fideos

Todo listo en 20 min
Raciones: 4

Aliño
1 cucharada de aceite de sésamo
2 cucharaditas de azúcar morena
1/4 de taza de zumo de lima
1 cucharada de vinagre de arroz
2 cucharadas de hierba de limón en rodajas (sólo la parte blanca)
100 g de fideos celofán (de judías mung)
2 pepinos de piel fina
2 zanahorias ralladas
1 taza de brotes de soja
1 cebolla morada en rodajas finas
1/2 taza de cilantro fresco picado
1 taza de menta fresca picada
1/4 de taza de cacahuetes tostados sin sal, picados
unas hojas de lechuga para servir

1. Bata con un tenedor los ingredientes del aliño en un bol y resérvelo.
2. En otro bol grande y termorresistente, ponga los fideos y cúbralos con agua hirviendo; déjelos en remojo 5 minutos y luego escúrralos y córtelos en trozos no muy largos con unas tijeras. Póngalos en el bol del aliño y remuévalos bien.

3. Corte los pepinos con un pelaverduras en tiras anchas y finas y añádalas al bol de los fideos con la zanahoria, los brotes, la cebolla, la menta y casi todo el cacahuete. Remueva todo con cuidado. Extienda las hojas de lechuga en una fuente grande, reparta encima las verduras con los fideos y espolvoree el resto del cacahuete.

CADA RACIÓN CONTIENE:
Proteínas: 5,5 g; grasa: 10 g; hidratos de carbono: 30 g; fibra: 3,5 g; colesterol: 0 mg; calorías: 230

Ensalada de hortalizas asadas

Todo listo en 30 min
Raciones: 4

500 g de patatas nuevas en rodajas gruesas
350 g de calabaza, pelada y cortada en dados de 1 cm
3 berenjenas finas en rodajas
2 cucharadas de aceite de oliva
250 g de tomates cereza
200 g de champiñones pequeños en mitades
unas hojas de lechuga para servir
200 g de queso de soja en cubitos
1/2 taza de pipas de calabaza

Aliño
2 cucharadas de aceite de oliva virgen
2 cucharadas de vinagre balsámico
1 cucharadita de ajo majado

1. Precaliente el horno a 250° C. Reparta en una bandeja de horno la patata, la calabaza y la berenjena, rocíelas con el aceite, sazone y remueva. Hornéelas 10 minutos.
2. Agregue los tomates y champiñones y ase todo otros 10 minutos. Saque la bandeja del horno; mezcle los ingredientes del aliño en un bol, ponga las verduras asadas y remueva todo bien.
3. Decore el borde de una fuente grande con hojas de lechuga y coloque en el centro algunas hojas en tiras. Reparta encima las verduras asadas y remate con el queso y las pipas de calabaza.

CADA RACIÓN CONTIENE:
Proteínas: 10 g; grasa: 15 g; hidratos de carbono: 30 g; fibra: 10 g; colesterol: 0 mg; calorías: 285

Nota: el queso de soja se vende en tiendas de dietética; si lo prefiere, emplee queso de otro vegetal o bien uno de sabor más fuerte, como azul, camembert o *brie*.

Ensalada de fideos (arriba) y Ensalada de hortalizas asadas

Ensalada caliente de tofu

Todo listo en 25 min
Raciones: 4

1/4 de taza de salsa de
chile dulce
1 cucharadita de ajo
majado
1 cucharadita de
jengibre rallado
2 cucharadas de soja
500 g de tofu firme, en
dados de 1 cm
2 cucharadas de aceite
2 zanahorias en rodajas
2 calabacines en rodajas
6 cebolletas, en rodajas
100 g de guisantes
tiernos con su vaina,
sin puntas ni hebras

1. Mezcle en un bol la salsa de chile, el ajo, el jengibre y la salsa de soja; añada el *tofu,* tape y marínelo 10 minutos.
2. Escurra el tofu y reserve la marinada. Caliente la mitad del aceite en una sartén grande y fría el *tofu* a fuego fuerte unos 4 minutos, o hasta que coja un bonito color dorado por todos lados; déle vueltas a menudo. Sáquelo y resérvelo.
3. Caliente el resto del aceite y saltee las verduras a fuego fuerte unos 2-3 minutos. Vuelva a poner el *tofu* y riegue

con la marinada reservada. Llévelo a ebullición, removiendo con cuidado para mezclar todo bien. Retírelo del fuego y sirva inmediatamente.

CADA RACIÓN CONTIENE:
Proteínas: 15 g; grasa: 15 g;
hidratos de carbono: 25 g;
fibra: 5,5 g; colesterol: 0 mg;
calorías: 305

Setas rellenas

Todo listo en 30 min
Raciones: 4

4 setas de campo
grandes (boletos)
30 g de mantequilla
1 puerro en rodajas
2-4 dientes de ajo
majados
2 cucharaditas de
comino en grano
1 cucharadita de
cilantro molido
1/4-1/2 cucharadita de
chile en polvo
2 tomates picados
2 taza de verduras
variadas congeladas
1/2 taza de arroz blanco
cocido
1/3 de taza de queso
cheddar
1/4 de taza de queso
parmesano
1/4 de taza de
anacardos picados

1. Precaliente el horno a 200° C. Limpie las setas

con servilletas de papel; corte los tallos o pedicelos y píquelos muy finos.
2. Derrita la mantequilla en una cazuela y rehogue los tallos picados con el puerro durante 2-3 minutos hasta que se ablanden. Agregue luego el ajo, los cominos, el cilantro y el chile en polvo y rehóguelos hasta que desprendan su aroma.
3. Añada el tomate y las verduras congeladas; cuando empiece a hervir, baje el fuego y deje que cueza despacio durante 5 minutos. Ponga entonces el arroz cocido y sazone generosamente con sal y pimienta negra recién molida.
4. Rellene los sombrerillos de las setas con esta mezcla, espolvoree por encima los quesos *cheddar* y parmesano y hornéelas durante 15 minutos, o hasta que el queso se funda. Salpique las setas con los anacardos picados y sírvalas.

CADA RACIÓN CONTIENE:
Proteínas: 10 g; grasa: 15 g;
hidratos de carbono: 15 g;
fibra: 7 g; colesterol: 35 mg;
calorías: 250

Nota: en lugar de verduras congeladas, puede utilizar frescas, como zanahoria, guisantes, maíz y chirivía.

Ensalada caliente de tofu *(arriba) y*
Setas rellenas

Judías blancas al curry de Korma

Todo listo en 30 min
Raciones: 4

1 cucharada de aceite
1 cebolla grande en
   rodajas
2 dientes de ajo majados
1 cucharada de garam
   masala
1 cucharadita de
   cilantro molido
1 cucharadita de
   comino molido
1 cucharadita de chile
   en polvo
1/4 de cucharadita de
   cúrcuma molida
1 lata de 400 g de
   crema de coco
500 g de champiñones
   pequeños en mitades
100 g de almendra
   molida
2 cucharadas de tomate
   concentrado
2 frascos, de 300 g cada
   uno, de judías blancas
   cocidas, escurridas
1 pimiento rojo en tiras
2 cucharaditas de zumo
   de limón
1/4 de taza de cilantro
   fresco picado

1. Caliente el aceite en
una cazuela grande y
rehogue la cebolla con el
ajo hasta que se doren.
Añada las especias moli-
das y rehogue 1-2 minu-
tos más hasta que des-
prendan su aroma.
2. Vierta la crema de coco y cuando empiece a
hervir, baje el fuego y
eche los champiñones,
la almendra, el tomate y
1 taza de agua. Tape,
lleve a ebullición y deje
cocer despacio, sin ta-
par, 10 minutos; remue-
va de vez en cuando.
3. Agregue las judías y
el pimiento y deje cocer
otros 5 minutos para es-
pesar la salsa. Ponga el
limón y el cilantro y re-
mueva. Sirva el curry
con una cucharada de
yogur y acompáñelo
con arroz cocido.

CADA RACIÓN CONTIENE:
*Proteínas: 15 g; grasa: 40 g;
hidratos de carbono: 15 g;
fibra: 10 g; colesterol: 0 mg;
calorías: 480*

Tortilla *souflée* de berros

Todo listo en 20 min
Raciones: 2

250 g de berros sin tallo
60 g de mantequilla
1 cebolla pequeña
   rallada
una pizca de nuez
   moscada
4 huevos, separadas las
   claras de las yemas
1/4 de taza de nata agria
1/4 de taza de queso
cheddar *rallado*

1. Pique los berros, funda 20 g de mantequilla
en una sartén y rehogue
a fuego suave los berros
con la cebolla y la nuez
moscada unos 2-3 mi-
nutos, o hasta que los
berros se enlacien y
ablanden. Manténgalos
calientes en la sartén.
2. Bata bien las yemas
con la nata y sal y pi-
mienta recién molida.
3. Monte en un cuenco
las claras a punto de
nieve suave con la bati-
dora de varillas; incor-
pórelas en dos tandas
con movimientos suaves
a las yemas con la nata.
4. Encienda el grill. Caliente la mantequilla
restante en una sartén
resistente al horno y
vierta a cucharadas la
mezcla de huevo y nata.
Cuando la tortilla se
cuaje por abajo, ponga
los berros con la cebolla
cubriendo la mitad de la
tortilla, espolvoree el
queso y gratínela hasta
que se cuaje por arriba
y haya subido bien. Pá-
sela a un plato y dóblela
para cubrir el relleno.
Córtela en dos mitades
y sirva inmediatamente.

CADA RACIÓN CONTIENE:
*Proteínas: 20 g; grasa: 50 g;
hidratos de carbono: 5 g; colesterol: 485 mg; fibra: 5,5 g;
calorías: 565*

Nota: obtendrá los mis-
mos resultados si em-
plea queso suizo.

Judías blancas al curry de Korma (arriba) y
Tortilla soufflée de berros

Sopas rápidas

De cuatro legumbres con pan lavash

Caliente 1 cucharada de aceite de oliva en una cazuela y sofría 1 cebolla picada y 2 dientes de ajo majados unos 3 minutos. Agregue 1/2 cucharadita de chile en polvo, 2 cucharaditas de cilantro molido y 1 cucharada de comino molido; saltee durante 1 minuto. Añada 1 cucharada de tomate concentrado, los tomates picados de dos latas de 425 g cada una y 2 tazas de caldo de verduras; cuando rompa a hervir, baje el fuego y deje cocer despacio durante 10 minutos. Incorpore entonces la mezcla de cuatro legumbres (de 1 lata de 750 g), escurridas y enjuagadas, y deje cocer otros 5 minutos. Añada 2 cucharadas de albahaca fresca cortada en tiras y sazone bien. Mientras se hace la sopa, prepare el pan: rocíe con 1 cucharada de aceite de oliva 2 panes *lavash*, espolvoree con un poco de pimienta mezclada con sal y córtelos a lo ancho en tiras de 2 cm. Hornéelos a 180° C unos 5 minutos aproximadamente, o hasta que estén crujientes y dorados. Sirva el pan tostado sobre la sopa. *Todo listo en 25 minutos.* *Raciones: 6-8*

CADA RACIÓN CONTIENE: *Proteínas: 8 g; grasa: 4 g; hidratos de carbono: 20 g; fibra: 8 g; colesterol: 0 mg; calorías: 150*

De izquierda a derecha:
Sopa de cuatro legumbres con pan lavash;
Sopa de lentejas al curry;
Pho vegetariana

Lentejas al curry

Caliente 2 cucharadas de aceite en una cazuela y rehogue a fuego medio 1 cebolla muy picada durante 3 minutos hasta que se ablande. Eche 1 cucharadita de ajo majado y rehóguelo hasta que se dore; agregue 2 cucharadas de pasta de curry suave y rehogue hasta que desprenda su aroma. Ponga 1 taza de lentejas rojas y 1 litro de caldo de verduras; deje cocer a fuego lento durante 10-15 minutos. Agregue 2 tazas de verduras variadas y 250 g de espinacas, ambas congeladas; deje cocer otros 5 minutos hasta que estén tiernas. Sirva la sopa con un chorrito de yogur y unos anacardos. *Todo listo en 30 minutos. Raciones: 4*

CADA RACIÓN CONTIENE: *Proteínas: 20 g; grasa: 20 g; hidratos de carbono: 30 g; fibra: 15 g; colesterol: 0 mg; calorías: 560*

Pho vegetariana

Caliente en una cazuela grande 1,25 litros de caldo de verduras; cuando esté cociendo suavemente, añada 100 g de fideos chinos frescos al huevo, 1 cucharada de jengibre fresco rallado y 150 g de tofu frito en rodajas. Deje cocer 5 minutos y añada 50 g de espinacas troceadas y 2 cebolletas en rodajitas. Cueza 3 minutos, sazone y ponga 1 cucharada de zumo de lima. Sirva los fideos en cuencos, reparta 1 taza de brotes de soja y ponga el resto de la sopa. Corte en rodajitas un chile pequeño y repártalo en los cuencos con $1/2$ taza de menta fresca y otra $1/2$ de cilantro. *Todo listo en 25 minutos. Raciones: 4*

CADA RACIÓN CONTIENE: *Proteínas: 7 g; grasa: 15 g; hidratos de carbono: 20 g; fibra: 2 g; colesterol: 0 mg; calorías: 260*

Falafel de hierbas

Todo listo en 30 min
Raciones: 4

Falafel
*1 cebolla pequeña en dos
mitades
1 taza de perejil fresco
1/4 de taza de cilantro
fresco
300 g de garbanzos, o
judías blancas, cocidos
y enjuagados
1 cucharadita de comino
molido
1 cucharadita de cilantro
molido*

*aceite para freír
1/2 taza de semillas de
sésamo
1 1/2 tazas de salsa espesa
de tomate
1 cucharadita de azúcar
morena
2 cucharaditas de
vinagre balsámico
200 g de distintas hojas
de lechuga y escarola*

1. Para los *falafel*, bata
en la batidora la cebolla,
el perejil y el cilantro
hasta que queden finos;
agregue los demás
ingredientes y bata otros
15 segundos hasta
conseguir una pasta
homogénea.
2. Caliente el aceite en
una sartén. Forme con la
pasta 8 pequeñas ham-
burguesas y páselas por

*Falafel de hierbas (arriba) y
Tulipas de setas*

el sésamo para que que-
den bien cubiertas. Fría-
las en varias tandas a
fuego medio durante
2 minutos por cada lado
hasta que estén bien
doradas y hechas por
dentro. Escúrralas sobre
papel absorbente.
3. Mientras fríe los *falafel*, lleve a ebullición la
salsa de tomate con el
azúcar y el vinagre y deje
cocer a fuego lento
durante 3 minutos.
4. Decore los platos con
las hojas de lechuga y
escarola, sirva encima
los *falafel* y salséelos.

CADA RACIÓN CONTIENE:
*Proteínas: 10 g; grasa: 25 g;
hidratos de carbono: 15 g;
fibra: 10 g; colesterol: 0 mg;
calorías: 340*

Tulipas de setas

Todo listo en 30 min
Raciones: 4

*4 hojas de pasta filó
60 g de mantequilla,
fundida
2 cucharadas de aceite
de oliva
4 dientes de ajo majados
6 cebolletas en rodajas
450 g de setas variadas
(de cardo, boletos)
2 cucharadas de perejil
fresco picado, y otro
poco para adornar
1/3 de taza de yogur
natural*

1. Precaliente el horno a
180° C. Engrase con
mantequilla 8 moldes
para *muffin* de 1/2 taza
de capacidad cada uno.
Ponga las hojas de pasta
una sobre otra y córtelas
en 6 porciones rectangu-
lares iguales. Separe las
hojas de cada porción y
píntelas con mantequilla
fundida. Ponga en cada
molde 3 de estas hojas
solapándolas por las
esquinas y meta la ban-
deja en el horno durante
5-10 minutos, hasta que
la pasta quede dorada y
crujiente.
2. Caliente el aceite en
una sartén grande y
rehogue a fuego medio
el ajo con la cebolleta
durante 2-3 minutos;
añada las setas, trocea-
das si son grandes,
y rehóguelas otros 5 mi-
nutos hasta que estén
blandas y tiernas. Sazone
con sal y pimienta y
agregue el perejil.
3. Rellene las tulipas con
las setas rehogadas, pon-
ga un poco de yogur en-
cima y luego el resto del
perejil. Sírvalas con una
ensalada.

CADA RACIÓN CONTIENE:
*Proteínas: 7 g; grasa: 25 g;
hidratos de carbono: 10 g;
fibra: 4 g; colesterol: 40 mg;
calorías: 285*

Variación: en vez de
yogur, sirva las tulipas
con queso, por ejemplo,
un *brie* a la pimienta.

Ensalada de cuscús

Todo listo en 25 min
Raciones: 4

150 g de florecillas de brécol
2 calabacines en rodajas
2 zanahorias en rodajas
100 g de judías verdes redondas, en mitades
1 taza de maíz en grano congelado, ablandado
350 g de cuscús
2 taza de caldo de verduras hirviendo
30 g de mantequilla
1/2 taza de perejil fresco picado
1/4 de taza de aceite de oliva virgen
2 cucharadas de zumo de limón
2 cucharadas de cáscara de limón picada

1. Cueza las verduras en el microondas, al vapor o en agua hirviendo hasta que estén tiernas; resérvelas.
2. Ponga el cuscús en un bol grande y mójelo con el caldo bien caliente; tape con plástico transparente y deje que absorba el caldo durante 3-4 minutos. Añada luego la mantequilla, remueva con un tenedor, agregue las verduras cocidas y el perejil y remueva todo bien.
3. Meta los demás ingredientes en un frasco, enrosque la tapa y agítelo bien. Aderece la ensala-

da con este aliño, remueva y sirva.

CADA RACIÓN CONTIENE: *Proteínas: 10 g; grasa: 20 g; hidratos de carbono: 60 g; fibra: 7,5 g; colesterol: 20 mg; calorías: 475*

Haloumi con tomate, aceitunas y alcaparras

Todo listo en 25 min
Raciones: 4

1/2 taza de aceite de oliva
2 cucharadas de alcaparras, escurridas y secas
500 g de queso haloumi
1/4 de taza de harina
50 g de hojas de espinaca
1/3 de taza de aceitunas negras en rodajas
1 tomate maduro grande cortado en daditos
2 cucharadas de vinagre balsámico
unas ramitas de orégano fresco, para adornar

1. Caliente 1 cucharada del aceite en una sartén pequeña y sofría a fuego medio las alcaparras durante 5 minutos, hasta que estén crujientes; escúrralas sobre papel absorbente.

2. Mientras tanto, corte el queso en 8 rebanadas, séquelas con papel absorbente y enharínelas ligeramente; sacuda el exceso de harina.
3. Caliente en una sartén grande 2 cucharadas del aceite y fría en dos tandas las rebanadas de queso durante 1-1 1/2 minutos por cada lado, hasta que queden bien doradas. Sáquelas y escúrralas bien sobre papel absorbente.
4. Cubra el fondo de una fuente con las espinacas, ponga encima las rebanadas de queso, montando ligeramente unas sobre otras, y esparza las aceitunas, el tomate y las alcaparras. Sazone con un poco de pimienta negra, rocíe con el vinagre y el resto del aceite, adorne con el orégano y sirva inmediatamente.

CADA RACIÓN CONTIENE: *Proteínas: 25 g; grasa: 45 g; hidratos de carbono: 6 g; fibra: 1,5 g; colesterol: 40 mg; calorías: 500*

Nota: El queso *haloumi* se elabora con sal y su textura es blanda; se vende en tiendas de *gourmets*. Consúmalo en los dos días siguientes a su compra.

Ensalada de cuscús (arriba) y Haloumi con tomate, aceitunas y alcaparras

Verduras salteadas con tempeh de tofu

Todo listo en 25 min
Raciones: 4

2 cucharadas de aceite
de cacahuete
250 g de tempeh (tofu
fermentado), en cubos
1 cucharada de jengibre
fresco muy picado
2 dientes de ajo majados
1-2 chiles rojos
pequeños picados
4 cebolletas picadas
2 ramas de apio en
rodajas
100 g de judías verdes
pequeñas, sin puntas
1 cucharadita de azúcar
1 cucharadita de sal
150 g de brécol en
florecillas
200 g de espárragos ver-
des, en trozos de 4 cm
1 cucharada de salsa de
soja
50 g de hojas de
espinaca

1. Ponga la mitad del aceite en el *wok* o en una sartén grande a fuego fuerte. Cuando esté bien caliente, saltee los cubos de tofu 3 minutos hasta que estén dorados y un poco crujientes. Escúrralos sobre papel absorbente y tápelos con servilletas de papel para que no se enfríen.

2. Caliente el resto del aceite en el *wok* y saltee durante 15 segundos el jengibre, el ajo, el chile y la cebolleta; añada luego el apio, las judías, el azúcar y la sal y saltee todo 1 minuto más.
3. Agregue 2 cucharadas de agua, tape el *wok* y deje cocer durante 1 minuto; añada entonces el brécol y los espárragos, remueva todo bien y deje cocer tapado otros 2 minutos más.
4. Riegue con la salsa de soja, eche las espinacas y el *tofu* frito, remueva y sirva inmediatamente.

CADA RACIÓN CONTIENE:
Proteínas: 9 g; grasa: 12 g;
hidratos de carbono: 5 g;
fibra: 4 g; colesterol: 0 mg;
calorías: 165

Notas: el *tofu* fermentado (*tempeh*) está elaborado con habas de soja y se vende envasado al vacío en buenos supermercados y tiendas de alimentación dietética. Si lo prefiere, puede sustituirlo por hamburguesas de *tofu* o por *tofu* frito.
Las judías verdes pequeñas permiten acortar el tiempo de cocción; si no las encuentra, utilice las de tamaño normal pero cortándolas por la mitad.

Burritos enrollados

Todo listo en 25 min
Raciones: 3

3 pimientos rojos
aceite de oliva para freír
4 tortillas mexicanas
1 taza de hummus
1 taza de perejil fresco
picado

1. Precaliente el grill. Corte cada pimiento en 8 trozos, quite las semillas y la membrana del interior y úntelos con un poco de aceite por todos lados. Gratínelos por ambas caras hasta que estén blandos, deje que se enfríen y pélelos.
2. Extienda en cada tortilla un poco de *hummus*, ponga encima unas tiras de pimiento, espolvoree con el perejil y salpimente. Enrolle las tortillas apretándolas bien y luego córtelas en trozos de 4 cm. Sirva los burritos con una ensalada o solos como aperitivo.

CADA RACIÓN CONTIENE:
Proteínas: 20 g; grasa: 35 g;
hidratos de carbono: 40 g;
fibra: 10 g; colesterol: 0 mg;
calorías: 475

Nota: las tortillas son de harina de maíz y se venden empaquetadas; puede sustituirlas por pan *lavash* (sin levadura). Puede rellenar los burritos con requesón, zanahoria rallada y nueces.

Verduras salteadas con tempeh *de tofu (arriba) y*
Burritos enrollados

Apetitosas bruschetas
Bruscheta

Tueste 12 rebanadas gruesas de pan de barra tipo chapata y, aún calientes, frótelas con un diente de ajo cortado. Rocíe con aceite de oliva y sírvalas con el acompañamiento que prefiera.
Raciones: 6

CADA RACIÓN CONTIENE:
Proteínas: 5 g; grasa: 10 g; hidratos de carbono: 25 g; fibra: 2 g; colesterol: 0 mg; calorías: 220

De izquierda a derecha: Salsa de calabacín; Asadillo de hortalizas; Pimientos asados con queso feta; Hinojo, alcaparras y aceitunas; Pesto de albahaca con tomates secos

Salsa de calabacín

Pique en daditos 3 calabacines, 2 tomates y 1 cebolla morada pequeña y mézclelos bien en un cuenco. Agregue 1 cucharadita de ralladura de lima, 2 cucharadas de zumo de lima y otras 2 de cilantro fresco picado.
Todo listo en 15 minutos.
Raciones: 6

CADA RACIÓN CONTIENE:
Proteínas: 1 g; grasa: 0 g; hidratos de carbono: 3 g; fibra: 1,5 g; colesterol: 0 mg; calorías: 20

Asadillo de hortalizas

Precaliente el horno a 240° C. Corte en dados 2 tomates, 2 calabacines, 1 pimiento amarillo y 1 berenjena pequeña; extiéndalos en una bandeja de horno, salpimente bien y riéguelos con 1 cucharada de vinagre balsámico. Hornee las hortalizas 15 minutos, removiéndolas de vez en cuando, y espolvoree 3 cucharadas de perejil fresco picado.
Todo listo en 30 minutos.
Raciones: 6

CADA RACIÓN CONTIENE:
Proteínas: 2 g; grasa: 0 g; hidratos de carbono: 5 g; fibra: 2,5 g; colesterol: 0 mg; calorías: 30

Pimientos asados con queso feta

Gratine 1 pimiento rojo, 1 verde y 1 amarillo hasta que la piel se ennegrezca. Déjelos enfriar, pélelos y córtelos en tiras. Remuévalas suavemente en un bol con 2 cucharadas de semillas de sésamo tostadas, 100 g de queso feta o de cabra y 1 cucharadita de aceite de sésamo.
Todo listo en 30 minutos.
Raciones: 6

CADA RACIÓN CONTIENE:
Proteínas: 6 g; grasa: 8,5 g; hidratos de carbono: 3 g; fibra: 2 g; colesterol: 10 mg; calorías: 110

Hinojo, alcaparras y aceitunas

Ralle un bulbo pequeño de hinojo y mézclelo con 1 cucharada de alcaparras, 2/3 de taza de perejil picado, 1/4 de taza de zumo de limón, 1 cucharadita de ralladura de limón, 2 cucharadas de aceitunas negras picadas y 1 cucharada de aceite de oliva.
Todo listo en 20 minutos.
Raciones: 6

CADA RACIÓN CONTIENE:
Proteínas: 0 g; grasa: 3 g; hidratos de carbono: 0,5 g; fibra: 0,5 g; colesterol: 0 mg; calorías: 45

Pesto de albahaca con tomates secos

Ponga en la picadora 1 diente de ajo majado, 1/4 de taza de piñones tostados, 2 taza de hojas de albahaca fresca y 1/2 taza de queso parmesano. Tritúrelos hasta que se haga una pasta y, sin apagar el motor, vierta poco a poco 1/2 taza de aceite de oliva para que emulsione. Pase el pesto a un bol y añada 1/2 taza de tomates secos en tiras; remueva bien.
Todo listo en 20 minutos.
Raciones: 6

CADA RACIÓN CONTIENE:
Proteínas: 4 g; grasa: 25 g; hidratos de carbono: 0 g; fibra: 0 g; colesterol: 8 mg; calorías: 260

Nota: consérvelo cubierto de aceite en un frasco cerrado.

Frittata de patatas asadas y pimiento

Todo listo en 30 min
Raciones: 4

1 cucharada de aceite de oliva
1-2 dientes de ajo majados
1 cebolla morada pequeña, picada
1 pimiento rojo pequeño, picado
5 patatas grandes asadas en rodajas gruesas
$1/4$ de taza de perejil
6 huevos poco batidos
$1/4$ de taza de parmesano rallado

1. Caliente el aceite en una sartén de fondo grueso antiadherente de 26 cm de diámetro y sofría a fuego suave el ajo con la cebolla y el pimiento durante 2-3 minutos. Agregue las rodajas de patata asadas y rehogue otros 2-3 minutos más.
2. Ponga el perejil, remueva todo y extiéndalo por igual en la sartén. Mezcle los huevos batidos con 2 cucharadas de agua, viértalos en la sartén y deje cocer a fuego medio durante 15 minutos; procure que no se queme por debajo.
3. Precaliente el grill. Espolvoree el queso parmesano sobre la *frittata* y gratínela unos minutos hasta que se cuaje el huevo por arriba y quede bien dorada. Córtela en cuatro porciones y sírvala inmediatamente.

CADA RACIÓN CONTIENE:
Proteínas: 15g; grasa: 15 g; hidratos de carbono: 20 g; fibra: 4 g; colesterol: 275 mg; calorías: 285

Nota: si lo prefiere, en vez de emplear patatas asadas, haga la *frittata* con 500 g de patatas cocidas, al vapor o en microondas.

Plumas de pasta con frijoles enchilados y tomate

Todo listo en 25 min
Raciones: 4-6

375 g de plumas
$1/3$ de taza de aceite de oliva virgen
1 cucharadita de aceite de chile (opcional)
2-3 dientes de ajo majados
1 chile rojo pequeño muy picado
200 g de hojas de matacandil
1 lata de 400 g de enchilada de frijoles con tomate
4 tomates maduros muy picados
$1/2$ taza de aceitunas negras pequeñas

1. Ponga a cocer la pasta en una olla con abundante agua hirviendo con sal durante 8-10 minutos hasta que quede *al dente*. Escúrrala y manténgala caliente.
2. Ponga en un cazo los dos aceites, el ajo y el chile y deje que se cuezan a fuego muy bajo durante 5 minutos; procure que no se quemen para que el ajo no amargue.
3. Mientras tanto, quite a las hojas de matacandil los finales de los tallos, lávelas, escúrralas bien y trocéelas.
4. Ponga en una ensaladera los frijoles con los tomates y las aceitunas y sazónelos con un poco de pimienta negra recién molida. Agregue la pasta caliente y el ajo con el chile, remueva con cuidado y sazone con sal y más pimienta. Añada el matacandil, remueva todo bien y sirva inmediatamente.

CADA RACIÓN CONTIENE:
Proteínas: 10 g; grasa: 15 g; hidratos de carbono: 55 g; fibra: 9 g; colesterol: 0 mg; calorías: 400

Nota: si lo prefiere, puede hacer este plato con 1 lata de 400 g de judías rojas, escurridas, a las que añadirá 3 cucharadas de salsa para tacos.

Plumas de pasta con frijoles enchilados y tomate y
Frittata *de patatas asadas y pimiento*

Salteado de judías verdes y legumbres

Todo listo en 15 min
Raciones: 4

150 g de hojas de matacandil, lavadas
1 cucharada de aceite
1 cebolla morada picada
2 dientes de ajo majados
1 cucharada de tomillo fresco muy picado
2 taza de judías verdes troceadas
300 g de judías blancas cocidas (lata o frasco), enjuagadas y escurridas
300 g de garbanzos cocidos, enjuagados y escurridos
2 cucharadas de perejil fresco muy picado
1/4 de taza de zumo de limón

1. Extienda las hojas de matacandil en una ensaladera y resérvelas.
2. Ponga el aceite en el wok calentado y remueva éste para engrasar bien sus paredes. Saltee la cebolla durante 2 minutos, eche el ajo y continúe salteando hasta que la cebolla se ablande; ponga el tomillo y saltee otros 30 segundos más.
3. Incorpore las judías verdes y saltéelas unos 3 minutos hasta que estén tiernas; agregue las judías blancas y los garbanzos y saltéelos hasta que estén bien calientes. Salpimente el salteado y échelo sobre el matacandil de la ensalada. Espolvoree con perejil y rocíe con zumo de limón.

CADA RACIÓN CONTIENE:
Proteínas: 9 g; grasa: 7 g; hidratos de carbono: 15 g; fibra: 8,5 g; colesterol: 0 mg; calorías: 165

Nachos con frijoles y salsa de cilantro y lima

Todo listo en 25 min
Raciones: 4-6

1 cucharada de aceite
2 cebollas picadas
2-4 dientes de ajo majados
3 cucharaditas de comino molido
1 cucharadita de cilantro molido
1 lata de 400 g de judías rojas cocidas, enjuagadas y escurridas
1 lata de 450 g de frijoles refritos
1/2 taza de salsa de tomate embotellada
1 lata de 130 g de pimiento morrón en tiras, escurrido
1 paquete de 240 g de fritos de maíz
1/2 taza de queso de soja, o vegetariano, rallado
1 aguacate en rodajas

Salsa de cilantro y lima
1/2 taza de crème fraîche o de nata agria
2 cucharaditas de ralladura de lima
1 cucharada de hojas de cilantro picadas

1. Caliente el aceite en una cazuela y sofría la cebolla a fuego medio durante 4-5 minutos; eche el ajo y las especias y saltéelos 1 minuto más. Agregue entonces las judías, los frijoles refritos, la salsa de tomate y el pimiento; al romper a hervir, baje el fuego al mínimo y deje que cueza durante 5-10 minutos.
2. Precaliente el grill. Pase el sofrito a una fuente refractaria, forme una corona alrededor del sofrito con los fritos de maíz y espolvoree el queso de soja. Gratine 3 minutos.
3. Mezcle bien la salsa. Reparta el aguacate por encima de las judías y cubra con la salsa.

CADA RACIÓN CONTIENE:
Proteínas: 20 g; grasa: 45 g; hidratos de carbono: 40 g; fibra: 20 g; colesterol: 25 mg; calorías: 625

Nota: para hacer en casa la *crème fraîche*, mezcle 1 cucharada de suero de leche con 1/2 taza de nata espesa y deje reposar tapada de 8 a 24 horas, hasta que se espese de nuevo. Remueva bien y consérvela en la nevera.

Salteado de judías verdes y legumbres (arriba) y Nachos con frijoles y salsa de cilantro y lima

Platos ligeros y sabrosos

Ensalada mediterránea

Tueste unas rebanadas de pan, rocíelas con aceite de oliva y déjelas enfriar. Corte en cuartos un pimiento rojo y otro amarillo grandes, y gratínelos hasta que la piel se ennegrezca y se hinche. Déjelos enfriar, pélelos y córtelos en tiras. Póngalos en una ensaladera con 200 g de tomates cereza en mitades, 20 g de matacandil troceado, 1 cebolla morada en rodajas y $1/2$ taza de aceitunas negras pequeñas. Añada $1/3$ de taza de almendras tostadas, 300 g de judías blancas cocidas y 4 huevos duros en cuartos. Aliñe con 1 cucharada de vinagre balsámico y $1/4$ de taza de aceite de oliva. Corte el pan tostado en dados, repártalos sobre la ensalada y sirva. *Todo listo en 30 minutos. Raciones: 6*

CADA RACIÓN CONTIENE: *Proteínas: 10 g; grasa: 30 g; hidratos de carbono: 15 g; fibra: 4 g; colesterol: 135 mg; calorías: 360*

Tartaletas de tomate

Precaliente el horno a 210° C. Corte en 4 cuadrados 1 lámina de hojaldre descongelada y dispóngalos en una bandeja de horno aceitada. Reparta $1/2$ taza de *pesto* entre los cuadrados, dejando un borde de 1 cm sin untar, y luego 100 g de queso de cabra en lonchas. Cubra éste con

De izquierda a derecha: Ensalada mediterránea; Tartaletas de tomate; Berenjenas y tofu rebozados

4 tomates pequeños en rodajas. Hornee las tartaletas unos 20 minutos, hasta que los bordes se hinchen y se doren. Sírvalas calientes, acompañadas con una ensalada.
Todo listo en 30 minutos.
Raciones: 4

CADA RACIÓN CONTIENE:
Proteínas: 15 g; grasa: 25 g; hidratos de carbono: 30 g; fibra: 3 g; colesterol: 35 mg; calorías: 395

Berenjenas y tofu rebozados

Corte 250 g de *tofu* consistente y 1 berenjena en rodajas de 1 cm. Bata en un plato 2 huevos con 1 cucharada de agua, ponga en otro $1/3$ de taza de harina y mezcle en un tercer plato $1^{1}/2$ tazas de parmesano rallado fino con 2 cucharadas de albahaca fresca picada y 1 taza de de pan rallado. Enharine las rodajas de berenjena y de *tofu*, sacudiendo la sobrante, páselas por el huevo y rebócelas en la mezcla del pan rallado, apretándolas para que se pegue bien; sacúdalas para eliminar el exceso. Mientras las reboza, caliente aceite en una sartén (1,5 cm de altura) y fríalas en tandas de 5 minutos hasta que estén doradas. Escúrralas sobre papel absorbente y sírvalas con una salsa de tomate espesa y caliente.
Todo listo en 25 minutos.
Raciones: 4

CADA RACIÓN CONTIENE:
Proteínas: 25 g; grasa: 30 g; hidratos de carbono: 25 g; fibra: 2 g; colesterol: 125 mg; calorías: 500

Pilaf picante de trigo

Todo listo en 25 min
Raciones: 4

2 cucharadas de aceite
de oliva
1 cebolla picada
150 g de champiñones
pequeños en cuartos
³/4 de taza de guisantes
congelados
350 g de calabaza picada
1¹/2 tazas de burgul
(trigo machacado)
¹/2 cucharadita de
comino molido
¹/2 cucharadita de
cardamomo molido
1 cucharadita de garam
masala
3 cucharadita de semillas
de cilantro
1¹/2 cucharaditas de
cúrcuma molida
¹/2 cucharadita de chile
en hojillas
2 tazas de caldo vegetal
¹/4 de taza de cilantro
fresco picado
¹/2 taza de pasas
³/4 de taza de anacardos
tostados sin sal

1. Caliente el aceite en una cazuela grande y saltee a fuego medio la cebolla con los champiñones, los guisantes y la calabaza unos 2 minutos, hasta que se ablande la cebolla. Agregue el *burgul* y las especias y saltee otros 2 minutos para que el trigo coja bien la grasa y las especias desprendan todo su aroma.

2. Ponga fuerte el fuego y vierta el caldo sobre el salteado; cuando rompa a hervir, baje el fuego al mínimo, tape la cazuela y deje cocer unos 15 minutos. Retírela del fuego y añada el resto de los ingredientes, mezclándolos bien antes de servir.

CADA RACIÓN CONTIENE:
Proteínas: 25 g; grasa: 30 g;
hidratos de carbono: 35 g;
fibra: 20 g; colesterol: 0 mg;
calorías: 505

Pastel de boniato

Todo listo en 30 min
Raciones: 4

1 lámina de hojaldre,
ablandada
60 g de mantequilla
4 cebollas picadas
350 g de boniato (o
batata), pelado y en
daditos
¹/4 de taza de harina
1¹/3 tazas de leche
250 g de queso cremoso
en trocitos
125 g de espinacas en
tiras
1 cucharada de pipas de
girasol
1 cucharada de
parmesano rallado

1. Precaliente el horno a 220° C. Engrase un molde hondo acanalado de base desmontable y fórrelo con el hojaldre;

use los recortes para rellenar los huecos que queden. Pinche la masa por varios sitios con un tenedor y fórrela con papel de horno; extienda encima una capa de habichuelas o arroz y hornee en blanco 8 minutos. Retire el papel con las habichuelas y hornee la masa 5 minutos más hasta que quede dorada y crujiente. Precaliente el grill.

2. Mientras se hornea, caliente la mantequilla en una cazuela y sofría a fuego fuerte la cebolleta con el boniato 5 minutos. Agregue la harina y rehóguela hasta que absorba la grasa y empiece a tostarse.

3. Retire del fuego y vierta poco a poco la leche, sin dejar de remover hasta mezclarla bien. Póngala de nuevo al fuego y continúe removiendo hasta que la mezcla hierva y se espese; agregue el queso y las espinacas y remueva hasta que el queso se funda.

4. Ponga la mezcla sobre el hojaldre, esparza los demás ingredientes y gratine 1 minuto para que se dore un poco.

CADA RACIÓN CONTIENE:
Proteínas: 15 g; grasa: 50 g;
hidratos de carbono: 40 g;
fibra: 5 g; colesterol: 125 mg;
calorías: 660

Pilaf picante de trigo (arriba) y
Pastel de boniato

Salteado de calabaza y tofu

Todo listo en 30 min
Raciones: 4-6

2 cucharadas de aceite
1 taza de anacardos
300 g de tofu consistente, en dados
1 puerro (sólo la parte blanca), en rodajas
2 cucharaditas de cilantro molido
2 cucharaditas de comino molido
2 cucharaditas de semillas de mostaza
2 dientes de ajo majados
1 kg de calabaza, en dados
3/4 de taza de zumo de naranja
1 cucharadita de azúcar morena

1. Caliente bien el *wok*, eche 1 cucharada de aceite y remueva para engrasar las paredes. Saltee los anacardos durante 2 minutos, o hasta que se doren; escúrralos sobre papel absorbente.
2. Saltee el *tofu* durante 2-3 minutos para dorarlo; escúrralo y resérvelo. Saltee el puerro 2 minutos hasta que se ablande; sáquelo y resérvelo.
3. Ponga la otra cucharada de aceite y, cuando esté caliente, saltee las especias con el ajo a fuego medio 1-2 minutos, hasta que estallen las semillas de mostaza.
4. Agregue el zumo y el azúcar y cuando empiece a hervir, tape el *wok* y deje cocer a fuego rápido durante 5 minutos, o hasta que la calabaza esté tierna. Reincorpore el puerro, remueva todo y sirva el salteado con los anacardos por encima.

CADA RACIÓN CONTIENE:
Proteínas: 7 g; grasa: 15 g; hidratos de carbono: 15 g; fibra: 2,5 g; colesterol: 0 mg; calorías: 205

Hamburguesas de remolacha con salsa de yogur y miso

Todo listo en 25 min
Raciones: 4

Para las hamburguesas
1 zanahoria rallada
1 remolacha, rallada
3 dientes de ajo majados
2 cucharaditas de jengibre fresco rallado
1 huevo poco batido
2 cucharaditas de cilantro molido
1 cucharadita de comino molido
3/4 de taza de pan rallado
aceite para freír
2 cucharaditas de miso amarillo

200 g de yogur
8 rebanadas gruesas de pan de barra
100 g de brotes de guisantes

1. Para hacer las hamburguesas, mezcle bien en un cuenco grande la zanahoria, la remolacha, el ajo, el jengibre, el huevo, las especias y el pan rallado; salpimente, divida la mezcla en 4 porciones iguales y déles forma de hamburguesa.
2. Caliente 2 cm de aceite en una sartén grande y fría las hamburguesas durante 6 minutos por cada lado, o hasta que estén bien doradas y hechas por dentro; escúrralas sobre papel absorbente.
3. Mientras las fríe, precaliente el grill y mezcle el *miso* con el yogur. Gratine las rebanadas de pan y sirva cada hamburguesa entre dos rebanadas con el yogur de miso y los brotes.

CADA RACIÓN CONTIENE:
Proteínas: 15 g; grasa: 5 g; hidratos de carbono: 50 g; fibra: 5 g; colesterol: 55 mg; calorías: 300

Nota: la pasta de *miso* se vende en tiendas de alimentación dietética o de productos japoneses. Si no encuentra *miso* amarillo, puede utilizar cualquier otro.

Salteado de calabaza y tofu *(arriba) y*
Hamburguesas de remolacha con salsa de yogur y miso

Con huevos

Tortilla de champiñón

Derrita 30 g de mantequilla en una sartén apta para el horno y rehogue a fuego medio 6 cebolletas picadas y 1 diente de ajo majado durante 2 minutos. Añada 250 g de champiñones en láminas y rehogue 2 minutos más hasta que se ablanden. Bata no mucho 4 huevos con una cucharada de agua y sazónelos bien; eche el huevo en la sartén y, antes de que se cuaje del todo la tortilla, pásela al horno y gratínela hasta que esté dorada y bien cuajada por arriba.
Todo listo en 25 minutos.
Raciones: 2

CADA RACIÓN CONTIENE:
Proteínas: 20 g; grasa: 20 g; hidratos de carbono: 4 g; fibra: 4 g; colesterol: 395 mg; calorías: 290

Tortitas a la crema

Precaliente el horno a 200° C. Engrase una bandeja de 6 moldes para *muffins* de 1/2 taza de capacidad cada uno. Ralle 250 g de boniato, 1 cebolla y 2 calabacines; póngalo sobre un paño para enjugar el exceso de humedad y repártalo en los moldes. Bata ligeramente 6 huevos con 1/2 taza de queso *gruyère* rallado y

De izquierda a derecha: Tortilla de champiñón, Tortitas a la crema y Ensalada de huevo duro con berros

3/4 de taza de nata, sazone y vierta la mezcla sobre las verduras ralladas en el molde. Hornee unos 15 minutos, o hasta que las verduras estén cocidas. Vacíe los moldes en una fuente y sirva las tortitas con ensalada.
Todo listo en 30 minutos.
Raciones: 6

CADA RACIÓN CONTIENE:
Proteínas: 10 g; grasa: 35 g; hidratos de carbono: 10 g; fibra: 1,5 g; colesterol: 270 mg; calorías: 390

Ensalada de huevo duro con berros

Ponga a cocer en agua hirviendo 250 g de espárragos verdes, en tres trozos cada uno, hasta que estén tiernos; enfríelos bajo el grifo. Limpie bien 500 g de berros y extiéndalos en una ensaladera. Corte en dos 8 huevos duros y colóquelos sobre los berros, encima los espárragos, 1 cebolla morada en rodajas y 250 g

de tomates cereza. Aparte, mezcle 1/2 taza de mayonesa entera con 3 cucharaditas de vinagre de vino blanco, 1 cucharadita de mostaza en grano y sal y pimienta al gusto. Rocíe la ensalada con esta mayonesa y sírvala.
Todo listo en 15 minutos.
Raciones: 4

CADA RACIÓN CONTIENE:
Proteínas: 20 g; grasa: 20 g; hidratos de carbono: 10 g; fibra: 7 g; colesterol: 420 mg; calorías: 315

Risotto de tomate y alcachofas

Todo listo en 30 min
Raciones: 4

1,25 litros de caldo de
verduras
2 cucharadas de aceite
de oliva
2 puerros pequeños,
cortados a lo largo y
picados
2 dientes de ajo majados
300 g de arroz arborio
1/2 taza de vino blanco
seco
170 g de corazones de
alcachofa en conserva
125 g de tomates cereza,
en mitades
2 cucharadas de pesto
de tomates secos
parmesano rallado

1. Caliente el caldo en una cazuela mediana y manténgalo a punto de ebullición.
2. Mientras, caliente el aceite en una cazuela grande de fondo grueso y sofría el puerro a fuego medio-fuerte unos 2 minutos para ablandarlo. Añada el ajo, el arroz y el vino y remueva hasta que se haya absorbido casi todo el vino.
3. Agregue poco a poco el caldo caliente, un cucharón cada vez, sin dejar de remover con una cuchara de madera hasta que el arroz lo absorba; siga añadiendo caldo hasta que el arroz quede tierno y cremoso. Incorpore las alcachofas y los tomates cereza, sazone con sal y pimienta recién molida y remueva para mezclarlo todo. Sírvalo en cuencos, salpicado con el pesto de tomates secos y el queso rallado.

CADA RACIÓN CONTIENE:
Proteínas: 15 g; grasa: 15 g; hidratos de carbono: 65 g; fibra: 5 g; colesterol: 15 mg; calorías: 490

Raviolis con salsa de tomate y calabacín

Todo listo en 25 min
Raciones: 4

1 cucharada de aceite de
oliva
1 cebolla muy picada
2 dientes de ajo majados
2 chiles rojos pequeños
muy picados
2 calabacines rallados
600 g de salsa de tomate
para pasta
1 cucharada de tomate
concentrado
500 g de raviolis de
queso frescos o
agnolotti
1/4 de taza de pacanas
troceadas
2 cucharada de pipas de
calabaza

1. Caliente el aceite en una cazuela y sofría la cebolla con el ajo y el chile durante 3 minutos, o hasta que se ablande; remueva de cuando en cuando.
2. Añada los calabacines y rehóguelos durante 2 minutos; eche la salsa y el concentrado de tomate, remueva todo y llévelo a ebullición; baje el fuego, tape la cazuela y deje cocer a fuego lento durante 10 minutos.
3. Mientras se hace la salsa, cueza los raviolis o *agnolotti* en una cazuela grande con agua hirviendo durante 4 minutos, o hasta que la pasta esté tierna.
4. Escúrrala y agréguela a la salsa de tomate. Sirva los ravioli inmediatamente espolvoreando por encima las pacanas y las pipas de calabaza.

CADA RACIÓN CONTIENE:
Proteínas: 15 g; grasa:30 g; hidratos de carbono: 35 g; fibra: 0 g; colesterol: 20 mg; calorías: 465

Nota: para hacer los raviolis en casa, humedezca con agua los bordes de unas envolturas para *wantun*; ponga una cucharada colmada de queso *ricotta* en el centro de cada una y luego cúbrala con otra envoltura, apretando los bordes de ambas para que queden bien pegados.

Risotto de tomate y alcachofas (arriba) y
Raviolis con salsa de tomate y calabacín

Garbanzos con tomate y especias

Todo listo en 25 min
Raciones: 6

1 cucharada de aceite de
  oliva
2 cebollas en rodajas
6-8 dientes de ajo
  majados
1 cucharada de comino
  molido
2 cucharaditas de
  cilantro molido
1 cucharadita de
  pimentón dulce
2 latas de 400 g de
  tomates troceados
1 lata de 425 g de
  tomate triturado
2 latas o frascos de 425 g
  de garbanzos cocidos,
  escurridos y enjuagados
1 lata de 200 g de
  pimiento rojo
1 taza de perejil fresco
  picado

1. Caliente el aceite en
una cazuela y sofría la
cebolla a fuego suave
unos 4 o 5 minutos, o
hasta que esté bien blan-
da. Agregue el ajo y las
especias y rehogue todo
1-2 minutos más. Ponga
luego el tomate troceado
y el triturado, los garbanzos y el pimiento en tiras.
2. Cuando empiece a
hervir, baje el fuego y deje cocer unos 15 minu-
tos. Sazone con sal y

pimienta recién molida,
añada el perejil, remueva
todo bien y sírvalo con
pan crujiente.

Curry verde con tofu estilo tailandés

Todo listo en 30 min
Raciones: 4

1 cucharada de aceite
1 cucharada de pasta de
  curry *verde o 3 cucha-
  radas de* curry *verde
  vegetariano (ver nota)*
1²/3 tazas de crema de
  coco
300 g de tofu *frito, en
  cubos*
300 g de calabaza, en
  cubos
150 g de judías verdes, sin
  puntas ni hebras
3 calabacines en rodajas
  gruesas
cilantro fresco para servir

1. Caliente el aceite en una
cazuela de fondo grueso y
saltee la pasta de *curry* a
fuego fuerte unos segun-
dos. Agregue la crema de
coco y, cuando empiece a
hervir, baje el fuego y deje
cocer durante 5 minutos.
2. Eche el *tofu* y las verduras, tape la cazuela y deje

cocer a fuego muy suave
15 minutos, o hasta que la
calabaza quede *al dente.*
Sazone a su gusto y aro-
matice con el cilantro. Sirva el *curry* con arroz de
jazmín cocido al vapor.

Nota: algunas pastas de
curry llevan en su compo-
sición pasta de gambas. Si
quiere un *curry* totalmente
vegetal, haga lo siguiente:
tueste en una sartén, agi-
tando a menudo, 1 cucha-
radita de cominos con
2 cucharaditas de semillas
de cilantro durante 2 mi-
nutos, o hasta que des-
prendan su aroma; maje
todo bien en el mortero
con 1/2 cucharadita de gra-
nos de pimienta negra y
páselo a la batidora. Añada 4 chiles verdes grandes,
1 cebolla picada, 5 dientes
de ajo, 2 tallos de hierba
de limón picados, 1 cucharadita de sal y otra de ralladura de lima, 2 cucha-
raditas de galanga fresca picada, 1/2 taza de cilantro
picado (hojas y raíces),
1 cucharada de zumo de
lima y otra de aceite. Bata
hasta obtener una pasta y
consérvela en la nevera
dentro de un recipiente
hermético hasta 3-4 sema-
nas, o en pequeñas porciones en el congelador. Sale
1 taza de pasta de *curry*.

Garbanzos cocidos con tomate y especias (arriba) y
Curry *verde con* tofu *estilo tailandés*

Fideos hokkien salteados con verduras

Todo listo en 15 min
Raciones: 4

500 g de fideos hokkien,
  separados con cuidado
aceite
4 dientes de ajo majados
2 cucharadas de hierba
  de limón (sólo la parte
  blanca) picada
1 cucharadita de chile
  rojo picado
1 cucharadita de
  jengibre fresco rallado
150 g de judías verdes
  troceadas
200 g de setas shiitake
  frescas, en mitades
250 g de tofu *en lonchas*
5 cebolletas en rodajas
1 cucharada de kecap
  manis
1 cucharada de salsa de
  soja
1 cucharada de semillas
  de sésamo
2 cucharadas de cebolla
  frita crujiente

1. Ponga los fideos en un bol refractario cubiertos de agua hirviendo y déjelos en remojo 2 minutos; sáquelos y escúrralos bien.
2. Caliente el aceite en el *wok* y saltee durante 1 minuto el ajo con la hierba de limón, el chile y el jengibre. Agregue las judías y las setas y saltéelas durante 3 minutos.

Añada el *tofu*, la cebolleta, las salsas *kecap manis* y de soja y el sésamo y deje cocer durante 3 minutos. Eche entonces los fideos y 1 cucharada de agua y saltee hasta que todo esté bien caliente. Sirva inmediatamente el salteado con la cebolla crujiente por encima.

CADA RACIÓN CONTIENE:
Proteínas: 20 g; grasa: 20 g; hidratos de carbono: 55 g; fibra: 4 g; colesterol: 0 mg; calorías: 500

Nota: el *kecap manis* es una salsa de soja espesa y dulce de origen indonesio; se vende en tiendas de alimentación asiática. Puede sustituirla por miel. La cebolla frita crujiente también se vende en tiendas orientales.

Ensalada de fideos soba

Todo listo en 20 min
Raciones: 4

250 g de fideos soba
1 zanahoria en rodajas
2 tallos de apio en rodajas
1 pepino en rodajas
1/4 de taza de de jengibre
  en vinagre
1/3 de taza de de hojas de
  cilantro fresco
3 huevos
aceite

Aliño
1 cucharadita de aceite
  de sésamo
2 cucharadas de vinagre
  de arroz
2 cucharaditas de salsa
  de soja
1 cucharada de mirin
2 cucharadas de zumo
  de lima
2 cucharadas de sésamo
  tostado

1. Cueza los fideos en una cazuela con agua hirviendo durante 6 minutos o hasta que estén tiernos; escúrralos y enjuáguelos bajo el grifo.
2. Escalde la zanahoria y el apio durante 1 minuto; escúrralos, sumérjalos en agua fría y vuélvalos a escurrir. Ponga en una ensaladera los fideos, el pepino, el jengibre y el cilantro; remueva todo con suavidad.
3. Bata ligeramente los huevos con 1 cucharada de agua; caliente un poco de aceite en una sartén y cuaje por ambas caras una tortilla redonda. Córtela en tiras finas y añádalas a la ensalada.
4. Mezcle los ingredientes del aliño, échelo a la ensalada y remueva bien.

CADA RACIÓN CONTIENE:
Proteínas: 15 g; grasa: 30 g; hidratos de carbono: 50 g; fibra: 5 g; colesterol: 135 mg; calorías: 515

Fideos hokkien *salteados con verduras (arriba) y* Ensalada de fideos *soba*

Dhal indio

Todo listo en 30 min
Raciones: 6

1 1/4 tazas de lentejas
rojas
2 cucharadas de ghee
(mantequilla
clarificada)
1 cebolla picada fina
2 dientes de ajo majados
1 cucharada de jengibre
fresco rallado
1 cucharadita de garam
masala
1 cucharadita de
cúrcuma molida
2 cucharadas de menta
fresca picada

1. Remoje las lentejas durante 5 minutos en un cuenco grande cubiertas con agua fría, quite la espuma y escúrralas bien.
2. Caliente el *ghee* en una cazuela y sofría la cebolla a fuego medio unos 3 minutos, o hasta que esté blanda y dorada. Añada el ajo con el jengibre y las especias y saltee hasta que desprendan su aroma.
3. Agregue las lentejas y 2 tazas de agua; cuando rompa a hervir, baje el fuego y deje cocer a fuego lento durante 15 minutos, o hasta que apenas quede líquido; el *dhal* debe quedar espeso.

Añada la menta, remueva bien y sirva con pan *naan* (estilo pita).

CADA RACIÓN CONTIENE:
Proteínas: 4 g; grasa: 6 g; hidratos de carbono: 6 g; fibra: 2 g; colesterol: 15 mg; calorías: 95

Ensalada de lombarda en lecho de algas nori

Todo listo en 25 min
Raciones: 4

Aliño
2 cucharaditas de aceite
de sésamo
2 cucharadas de salsa de
soja
1/4 de cucharadita de
cinco especias chinas
molidas
1 cucharada de de tahine
(pasta de sésamo)
1/2 taza de vinagre de
sake
2 cucharaditas de miel
1 cucharadita de
jengibre fresco muy
picado

2 cucharadas de aceite
de cacahuete
250 g de tofu *consistente*
en rodajas de 5 mm
1 pepino
200 g de berros o de
brotes de alfalfa
650 g de lombarda en
juliana
100 g de brotes de soja

4 cebolletas en rodajas
finas diagonales
8 hojas de algas nori

1. Para hacer el aliño, mezcle en un bol pequeño las 2 cucharaditas de aceite de sésamo con la salsa de soja, las cinco especias, el *tahine*, el vinagre de *sake*, la miel y el jengibre; resérvelo.
2. Caliente el aceite de cacahuete en una sartén grande y fría el tofu en tandas hasta que quede crujiente y dorado; escúrralo sobre papel absorbente y, cuando esté frío, córtelo en bastoncitos.
3. Corte el pepino por la mitad a lo largo y luego en rodajas finas; mézclelo en un bol grande con los berros, la lombarda, los brotes de soja y la cebolleta. Cubra el fondo de cada plato con 2 láminas de algas y ponga encima las verduras.
4. Reparta los bastoncitos de *tofu* y arregle la ensalada con el aliño cuando vaya a servirla.

CADA RACIÓN CONTIENE:
Proteínas: 10 g; grasa: 20 g; hidratos de carbono: 15 g; fibra: 9 g; colesterol: 0 mg; calorías: 270

Nota: lave bien los berros y córteles los tallos. Las algas *nori* están prensadas secas en láminas finas quebradizas; los paquetes suelen llevar 10 láminas.

Dhal *indio (arriba) y*
Ensalada de lombarda en lecho de algas nori

Cuscús frío de garbanzos con harissa

Todo listo en 20 min
Raciones: 6

Aliño de harissa
1/3 de taza de aceite de oliva
2 cucharadas de zumo de lima o limón
2 cucharaditas de harissa
1 diente pequeño de ajo majado

1/2 taza de cuscús instantáneo
2 latas o frascos de 440 g de garbanzos cocidos, escurridos y enjuagados
4 cebolletas muy picadas
12 tomates cereza, en mitades
1/3 de taza de menta fresca picada
1/3 de taza de cilantro fresco picado

1. Meta todos los ingredientes del aliño en un frasco, tápelo y agite para que se mezclen bien.
2. Ponga el cuscús en un bol grande, añada 2/3 de taza de agua hirviendo y déjelo en remojo durante 5 minutos hasta que absorba toda el agua; espónjelo con un tenedor.
3. Agregue al cuscús los garbanzos, la cebolleta, los tomates, la menta y el cilantro; riegue con el aliño y remueva con dos tenedores para que el cuscús absorba bien los sabores.

CADA RACIÓN CONTIENE: *Proteínas: 10 g; grasa: 15 g; hidratos de carbono: 30 g; fibra: 8 g; colesterol: 0 mg; calorías: 300*

Notas: la *harissa* es una pasta muy picante hecha con guindillas molidas; de uso generalizado en el norte de África, se vende en tiendas de *gourmets*.
El cuscús instantáneo es una sémola de trigo cocida y luego recubierta de harina.

Timbales de zanahoria y guisantes

Todo listo en 30 min
Raciones: 4

1 zanahoria grande
2 huevos
1 2/3 tazas de guisantes descongelados
1 cebolla rallada
200 g de queso ricotta
1/2 taza de parmesano rallado
300 g de espinacas
unas ramitas de perejil para adornar

1. Precaliente el horno a 210° C. Engrase ligeramente 4 moldes de cerámica resistentes al horno. Pele la zanahoria, córtela con un pelaverduras en tiras anchas y muy finas y repártalas en los moldes para forrar su fondo.
2. Mezcle en un bol los huevos con los guisantes, la cebolla y los dos quesos, ponga un poco de pimienta y remueva todo. Rellene los moldes con esta mezcla y apriétela con el dorso de una cuchara. Hornee los moldes 20-25 minutos, o hasta que los timbales suban y queden bien cuajados.
3. Mientras se hornean, caliente agua en una cazuela y, cuando rompa a hervir, escalde las espinacas hasta que se enlacien. Escúrralas, refrésquelas al chorro de agua fría y póngalas sobre papel absorbente para que absorba el exceso de humedad.
4. Despegue los timbales de los moldes pasando un cuchillo pequeño alrededor. Reparta las espinacas en los platos haciendo una cama, vuelque cada timbal sobre las espinacas, adorne con el perejil y sírvalos inmediatamente.

CADA RACIÓN CONTIENE: *Proteínas: 20 g; grasa: 15 g; hidratos de carbono: 6 g; fibra: 6 g; colesterol: 125 mg; calorías: 210*

Cuscús frío con garbanzos y harissa (arriba) y Timbales de zanahoria y guisantes

¡Una de patatas!

Cuñas de patata fritas con su piel

Corte por la mitad 500 g de patatitas nuevas y cuézalas en abundante agua hirviendo unos 7 minutos hasta que estén tiernas pero enteras. Escúrralas, enfríelas un poco y vacíelas con una cuchara dejando la piel con unos 5 mm de pulpa. Córtelas de nuevo por la mitad y fríalas en tandas en una sartén con 2 cm de aceite hasta que queden crujientes y doradas. Escúrralas sobre papel absorbente, póngales sal y sírvalas con nata agria y salsa de chile dulce. Con una ensalada resultan una comida completa muy ligera.
Todo listo en 25 minutos.
Raciones: 4

CADA RACIÓN CONTIENE:
Proteínas: 3 g; grasa: 15 g; hidratos de carbono: 20 g; fibra: 2 g; colesterol: 6,5 mg; calorías: 235

Torta de patata

Corte 650 g de patatas nuevas pequeñas en rodajas muy finas. Caliente en una sartén pequeña 20 g de mantequilla con 1 cucharada de aceite, ponga las rodajas de patata solapándolas para formar varias capas, tape la sartén y deje que se frían durante 10 minutos. Ayudándose con un plato, déles la vuelta (como si fuera una tortilla) y deje que se frían

De izquierda a derecha: Cuñas de patata fritas con su piel, Torta de patata y Ensalada de patata y boniato con aliño de ajos asados

por el otro lado, sin
taparlas, durante 5 mi-
nutos. Reparta por enci-
ma 2 tomates en rodajas
y espolvoree con $^1/4$ de
taza de *cheddar* rallado.
Ponga la sartén bajo el
grill ya caliente, y gratine
hasta que el queso se
funda y quede dorado.
Sirva la torta en cuñas.
Todo listo en 30 minutos.
Raciones: 4

CADA RACIÓN CONTIENE:
Proteínas: 6,5 g; grasa: 10 g;
hidratos de carbono: 25 g;
fibra: 3 g; colesterol: 20 mg;
calorías: 225

Ensalada de patata y boniato con aliño de ajos asados

Precaliente el horno a
230° C. Pele y pique en
daditos 500 g de patatas
viejas y 350 g de bonia-
tos; póngalos en una
fuente de horno con
10 dientes de ajo sin
pelar, rocíe con 2 cucha-
radas de aceite de oliva,
salpimente y remueva.
Meta la fuente en el
horno durante 20 minu-
tos, agitándola de vez en
cuando. Para hacer el
aliño, pele los ajos y

póngalos en la batidora
con 1 huevo, 2 cuchara-
ditas de vinagre de vino
blanco y 1 cucharadita
de mostaza en grano;
bata hasta obtener una
pasta y, sin apagar el
motor, vierta poco a
poco $^1/4$ de taza de aceite de oliva. Rocíe las
patatas y el boniato con
este aliño, espolvoree
2 cucharadas de perejil
fresco picado, remueva
con cuidado y sirva.
Todo listo en 30 minutos.
Raciones: 4

CADA RACIÓN CONTIENE:
Proteínas: 6,5 g; grasa: 25 g;
hidratos de carbono: 30 g;
fibra: 5 g; colesterol: 45 mg;
calorías: 380

Ñoquis con salsa de puerro y albahaca

Todo listo en 25 min
Raciones: 6

2 cucharadas de aceite
  de oliva
1 puerro en rodajas finas
1 diente de ajo majado
1 lata de 425 g de
  tomates troceados
1/2 taza de vino blanco
  seco o de agua
50 g de tomates secos
  parcialmente
  rehidratados, picados
1/2 taza de albahaca
  fresca picada
625 g de ñoquis de
  patata frescos
queso parmesano
  rallado, para servir

1. En una cazuela con el aceite caliente, rehogue a fuego medio el puerro y el ajo unos 5 minutos, o hasta que estén blandos. Agregue los tomates de la lata y el vino y deje cocer durante 10 minutos, removiendo de vez en cuando; añada un poco de agua si queda demasiado espeso. Agregue luego los tomates medio rehidratados y las hierbas y remueva.
2. Mientras se hace la salsa, cueza los ñoquis en una cazuela con agua hirviendo entre 3 y 4 minutos, o hasta que floten; no los cueza en exceso. Escúrralos en un colador.
3. Reparta los ñoquis en platos hondos, vierta la salsa por encima y añada el queso rallado.

CADA RACIÓN CONTIENE:
Proteínas: 10 g; grasa: 15 g; hidratos de carbono: 10 g; fibra: 2 g; colesterol: 40 mg; calorías: 240

Polenta cremosa a los tres quesos

Todo listo en 20 min
Raciones: 4

1 1/2 tazas de polenta
  instantánea
1/2 taza de nata líquida
1/2 taza de parmesano
  rallado, y un poco más
  para espolvorear
250 g de mascarpone
100 g de queso azul
  troceado
24 hojas de matacandil
3/4 de taza de nueces
  troceadas
1 cucharada de hojas de
  orégano fresco
1 cucharada de hojas de
  mejorana fresca
1 cucharada de hojas de
  salvia fresca

1. Ponga a calentar 1 litro de agua en una cazuela grande de fondo grueso; cuando rompa a hervir, eche la polenta en lluvia fina removiendo constantemente con las varillas. Baje el fuego y déjela cocer de 2 a 5 minutos sin parar de remover. Retire la cazuela del fuego, agregue la nata y el parmesano y remueva todo; tape y reserve.
2. Funda el *mascarpone* en un cacito a fuego suave; añada la mitad del queso azul y deje cocer 1 minuto más hasta que también se funda.
3. Precaliente el grill. En cuatro platos resistentes al horno, coloque 6 hojas de matacandil en forma de rueda en cada uno, reparta en el centro la polenta y encima de ésta un poco de la salsa de queso. Esparza la otra mitad del queso azul, las nueces, las hierbas y el queso parmesano restante. Gratínelos durante 1 minuto, o hasta que el queso se tueste un poco. Sirva inmediatamente.

CADA RACIÓN CONTIENE:
Proteínas: 25 g; grasa: 60 g; hidratos de carbono: 40 g; fibra: 3 g; colesterol: 140 mg; calorías: 825

Notas: la polenta instantánea se vende en tiendas especializadas y supermercados; su tiempo de cocción depende de la marca.
  El *mascarpone* es un queso fresco italiano de textura cremosa; se vende en supermercados.

Polenta cremosa a los tres quesos (arriba) y Ñoquis con salsa de puerro y albahaca

Pizzas rápidas

Una vez montadas, hornee las pizzas en horno precalentado a 220° C.

Base de tomate

Mezcle bien $1/3$ de taza de tomate concentrado con 1 diente de ajo majado y $1/2$ cucharadita de orégano seco. Extiéndalo sobre la base de pizza y ponga los ingredientes que prefiera.

Berenjena y pimiento asados con queso feta

Extienda el tomate en una base grande de pizza sobre la placa de horno. Reparta $3/4$ de taza de *mozzarella* en trocitos y después 125 g de berenjena en rodajas y otro tanto de pimiento rojo en tiras, ambos previamente asados. Corte en rodajas 3 alcachofas en conserva bien escurridas,

repártalas sobre la pizza, añada 100 g de queso *feta* troceado y espolvoree $1/2$ cucharadita de orégano seco. Hornee la pizza de 10 a 15 minutos, hasta que el queso se dore. Sírvala inmediatamente.
Todo listo en 30 minutos.
Raciones: 2

CADA RACIÓN CONTIENE:
Proteínas: 40 g; grasa: 25 g; hidratos de carbono: 10 g; fibra: 5 g; colesterol: 70 mg; calorías: 475

De izquierda a derecha: Berenjena y pimiento asados con queso feta, Champiñón y tomate y Queso de cabra y chutney de tomate

Fettucini con pesto de cilantro y zanahoria

Todo listo en 25 min
Raciones: 4

500 g de fettucini o
   linguini *frescos*
1/2 taza de aceite de
   oliva
1 cebolla picada
1 diente de ajo picado
2/3 de taza de piñones
300 g de zanahorias
   picadas (ver nota)
30 g de hojas y tallos de
   cilantro
30 g de perejil fresco
1 cucharadita de sal
1 cucharadita de
   pimienta negra recién
   molida
3/4 de taza de
   parmesano rallado

1. Cueza la pasta en una
olla con abundante agua
hirviendo durante 5 mi-
nutos, o hasta que esté
al dente; escúrrala y
manténgala caliente.
2. Mientras se cuece,
caliente 2 cucharadas del
aceite en una sartén,
ponga la cebolla con el
ajo, tápela y deje que se
estofen a fuego medio
durante 4 minutos.
3. Agregue los piñones y
rehóguelos sin tapar du-
rante 2 minutos, remo-
viendo de vez en cuando.

Suba el fuego y añada la
zanahoria; remueva todo
bien, tape de nuevo y de-
je cocer 2 minutos más.
4. Pase esta mezcla a la
batidora y agregue el
cilantro, el perejil, la sal,
la pimienta, el resto del
aceite y la mitad del parmesano. Bata hasta que
todo quede mezclado.
5. Divida esta pasta en
platos hondos, reparta el
pesto y remueva con cuidado. Espolvoree con el
resto del queso y sirva.

CADA RACIÓN CONTIENE:
Proteínas: 25 g; grasa: 55 g;
hidratos de carbono: 95 g;
fibra: 10 g; colesterol: 20 mg;
calorías: 970

Nota: no es necesario
pelar las zanahorias,
basta con lavarlas.

Curry dulce de calabaza y mermelada

Todo listo en 30 min
Raciones: 4

2 cucharadas de aceite
1 cebolla picada
2 cucharadas de pasta
   de curry dulce de India
1 cucharadita de
   comino en polvo
1 cucharadita de
   cúrcuma molida
1 kg de calabaza
   troceada

2 patatas nuevas, sin
   pelar, cortadas en
   bocaditos
200 ml de caldo de
   verduras
1 cucharada de
   mermelada de naranja
1 cucharada de zumo de
   lima
1 cucharadita de azúcar
   morena
2 cucharadas de crema
   de coco
200 g de bok choy
   pequeño, cortado en
   dos mitades a lo largo
unas hojas de cilantro
   fresco, para adornar

1. Caliente el aceite en
una cazuela grande y
honda, ponga la cebolla
con el *curry*, el comino y
la cúrcuma, tape y deje
que se poche a fuego
medio unos 5 minutos.
2. Agregue la calabaza,
la patata, el caldo y la
mermelada; suba el fue-
go, tape la cazuela y deje
cocer todo durante
12 minutos.
3. Añada luego el zumo
de lima, el azúcar y la
crema de coco, remueva
y ponga el *boy choy* en-
cima de todo; tape de
nuevo y deje cocer
2-3 minutos, o hasta que
el *bok choy* esté *al dente*.
Adorne con el cilantro
y sirva.

CADA RACIÓN CONTIENE:
Proteínas: 8 g; grasa: 15 g;
hidratos de carbono: 30 g;
fibra: 4,5 g; colesterol: 0 mg;
calorías: 300

Fettucini *con* pesto *de cilantro y zanahoria (arriba) y*
Curry *dulce de calabaza y mermelada*

Hojaldres de anacardo

Todo listo en 25 min
Raciones: 4

2 láminas de hojaldre
preparado
3 cucharadas de pasta
de anacardo
1/4 de taza de hojas de
albahaca fresca
10 alcachofas pequeñas
en conserva, troceadas
200 g de mezcla de
verduras asadas en
conserva

1. Precaliente el horno a 220° C. Engrase ligeramente 2 bandejas de horno. Corte cada lámina de hojaldre en 4 cuadrados y pínchelos en la superficie por varios sitios con un tenedor.
2. Póngalos en las bandejas y hornéelos unos 8 minutos, o hasta que estén dorados y hayan subido. Deje enfriar un poco y úntelos luego con la pasta de anacardo.
3. Mezcle la albahaca con las alcachofas y las verduras asadas; reparta la mezcla sobre los hojaldres horneados y sírvalos inmediatamente con una ensalada como almuerzo ligero, o como entrada de una cena.

CADA RACIÓN CONTIENE:
Proteínas: 10 g; grasa: 25 g;
hidratos de carbono: 35 g;
fibra: 6 g; colesterol: 20 mg;
calorías: 420

Nota: la pasta de anacardo se vende en tiendas de alimentación dietética.

Cazuela de arroz integral con champiñón

Todo listo en 30 min
Raciones: 6

3 rebanadas gruesas de
pan de molde, sin la
corteza
1/4 de taza de aceite de
oliva
2 cebollas picadas
325 g de champiñones,
picados
1 lata de 440 g de
tomates troceados
2 cucharaditas de
pimentón
2 cucharaditas de
hierbas secas variadas
1/2 cucharadita de azúcar
2 tazas de arroz integral
cocido
1/3 de taza de caldo de
verduras
1/4 de taza de piñones
2 cucharadas de perejil
fresco picado

1. Precaliente el horno a 220° C. Corte cada rebanada de pan en 4 triángulos.
2. Caliente 1 cucharada del aceite en una sartén y rehogue a fuego fuerte la cebolla con el champiñón durante 2 minutos, o hasta que éste se ablande. Agregue el tomate, el pimentón, las hierbas y el azúcar; cuando empiece a cocer, baje el fuego y deje que hierva unos 2 minutos para que se espese un poco. Eche entonces el arroz cocido y el caldo, remueva todo bien y sazone con sal y pimienta negra recién molida.
3. Ponga esta mezcla en una fuente de cerámica refractaria de 1,5 litros de capacidad y cúbrala con los triángulos de pan, acaballándolos un poco. Rocíe el pan con el resto del aceite y salpique por encima los piñones. Hornee la fuente unos 10 minutos, o hasta que el pan esté bien tostado y crujiente. Espolvoree el perejil y sirva.

CADA RACIÓN CONTIENE:
Proteínas: 10 g; grasa: 15 g;
hidratos de carbono: 60 g;
fibra: 6 g; colesterol: 0 mg;
calorías: 435

Notas: para obtener 2 tazas de arroz integral cocido, deberá emplear 1 taza de arroz crudo (algo menos de 250 g).

Puede dejar el plato preparado con 3 horas de antelación y hornearlo justo antes de servirlo, para que esté bien caliente y el pan crujiente.

Hojaldres de anacardo (arriba) y
Cazuela de arroz integral con champiñón

Índice

Aliño de lima y yogur, 58
Arroz a los tres aromas, 4
Asadillo de hortalizas, 28

Berenjena y tofu rebozados, 35
Bruschetas, 28
Burritos enrollados, 27

Cazuela de arroz integral con champiñón, 62
Cuñas de patata fritas con su piel, 52
Curry dulce de calabaza y mermelada, 61
Curry verde con tofu estilo tailandés, 45
Cuscús frío de garbanzos con *harissa*, 50

Dhal indio, 49

Ensaladas
Caliente de tofu, 17
De cuscús, 24
De fideos *soba*, 46
De fideos, 14
De hortalizas asadas, 14
De huevo duro con berros, 41
De lombarda en lecho de algas nori, 49
De patata y boniato con aliño de ajos asados, 53
Mediterránea, 34
Templada de tomates asados y espárragos, 11

Falafel de hierbas, 23
Fettucini con pesto de cilantro y zanahoria, 61
Fideos *hokkien* salteados con verduras, 46
Frittata de patatas asadas y pimiento, 30

Garbanzos con tomate y especias, 45

Haloumi con tomate, aceitunas y alcaparras, 24
Hamburguesas de remolacha con salsa de yogur y miso, 39
Hinojo con alcaparras y aceitunas, 29
Hojaldres de anacardo, 62

Judías blancas al curry de Korma, 18

Lentejas con aliño de yogur a la lima, 58
Lentejas salteadas con espinacas, 7

Nachos con frijoles y salsa de cilantro y lima, 33

Ñoquis con salsa de puerro y albahaca, 55

Pastel
De boniato, 36
De polenta con judías picantes, 8
Pesto de albahaca con tomates secos, 29
Pilaf picante de trigo, 36
Pimientos asados con queso feta, 29
Pinchos de tofu con cuscús a las hierbas, 8
Pizzas rápidas, 56-57
Base de tomate, 56
De berenjena y pimiento asados con queso feta, 56
De champiñón y tomate, 57
De queso de cabra y *chutney* de tomate, 57
Platos ligeros y sabrosos, 34
Plumas de pasta con frijoles enchilados y tomate, 30

Polenta cremosa a los tres quesos, 55
Puré de alcachofa y tofu, 12

Raviolis con salsa de tomate y calabacín, 42
Risotto de tomate y alcachofas, 42

Salsas
De aceitunas negras y garbanzos, 12
De berenjenas asadas, 13
De calabacín, 28
De puré de judías a las hierbas, 13
De queso con nueces, 13
Para mojar y untar, 12
Salteado de calabaza y tofu, 39
Salteado de legumbres y judías verdes, 33
Setas rellenas, 17
Sopas
De cuatro legumbres con pan *lavash*, 20
De lentejas al curry, 21
Pho vegetariana, 21
Rápidas, 20

Tallarines con espinacas y guisantes, 11
Tarrinas de verduras con hojaldre, 58
Tartaletas de tomate, 34
Timbales de zanahoria y guisantes, 50
Torta de patata, 52
Tortilla
De champiñón, 40
Soufflée de berros, 18
Tortitas a la crema, 40
Tortitas mexicanas de verduras, 7
Tulipas de setas, 23

Verduras salteadas con *tempeh* de tofu, 27